GLÜCKLICH WOHNEN

SKANDINAVISCHE
WOHNIDEEN ZUM
WOHLFÜHLEN

BARBARA DELIUS

GLÜCKLICH WOHNEN

SKANDINAVISCHE
WOHNIDEEN ZUM
WOHLFÜHLEN

Lifestyle
BUSSE SEEWALD

Alt & Neu

01

- 18 HANDMADE TRIFFT GESCHICHTE
- 30 INSPIRATION: NOSTALGIE
- 32 HYGGE & MINIMALISMUS
- 46 INSPIRATION: SCHWARZ & WEISS
- 48 HYGGE MIT ALT & NEU

Farbe

02

- 54 LEUCHTENDE AKZENTE
- 68 INSPIRATION: FARBE
- 70 KREATIVE FUNDGRUBE
- 80 INSPIRATION: KREATIVITÄT
- 82 HYGGE MIT FARBEN

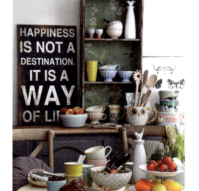

Natur

03

- 88 HOLZ IN DER HAUPTROLLE
- 106 INSPIRATION: FLOHMARKT
- 108 DÄNISCHES MIDCENTURY
- 124 INSPIRATION: DESIGN & VINTAGE
- 126 HYGGE MIT NATURMATERIALIEN

Grün leben

04

- 132 LIFESTYLE MIT PFLANZEN
- 142 INSPIRATION: PRINT
- 144 HOME GARDENING
- 154 INSPIRATION: HOLZ
- 156 HYGGE MIT GRÜN

Schauen wir doch auch einmal auf die wunderbaren Effekte der Globalisierung: Dank des unendlich weiten Horizonts, den wir dadurch gewonnen haben, kommen wir mit Ideen und Gebräuchen in Berührung, die uns früher fremd waren. Oder wir lernen Worte für etwas, das wir irgendwie kannten, aber nie so recht beschreiben konnten: „Hygge" ist so ein Wort, und erfunden haben es die Dänen. Sie bezeichnen damit einen ganz zentralen Teil ihres Lebens, ein Gefühl, das seit Generationen nicht aus der dänischen Kultur wegzudenken ist und das dazu beiträgt, dass die Dänen die glücklichsten Menschen der Welt sind.

Vorwort

Für viele von uns liegt ein selten gewordenes Glück darin, einfach mal zu entschleunigen. Und genau dafür steht Hygge: Statt von Termin zu Termin zu hetzen oder den nächsten Erlebnisurlaub zu googeln – offline gehen, genüsslich kochen, zusammen mit Freunden einen Abend mit Gesprächen, Lachen und einem guten Glas Wein vor dem flackernden Kamin verbringen. Oder im Sommer unter freiem Himmel sitzen, dem Abendkonzert der Singvögel lauschen und der Sonne beim Untergehen zuschauen.

Was die Dänen darum auch mit Hygge verbinden: ein Zuhause, in dem es gemütliche Sitzecken gibt – jede Wohnung braucht einen Hyggekrog! – und das einladend und lichtdurchflutet ist, funktional und zugleich ästhetisch eingerichtet.

Nicht zufällig erlebt der skandinavische Stil momentan bei uns eine Renaissance. Große Designer wie Arne Jacobsen, Poul

Henningsen oder Hans Wegner haben Möbelklassiker geschaffen, die seit Anfang des 20. Jahrhunderts aus natürlichen Materialien wie Holz, Leder und Leinen gefertigt werden. Verner Panton brachte in den 1960ern jede Menge Farbe ins Spiel – auch diese ist charakteristisch für das nach wie vor moderne dänische Design.

In diesem Buch zeigen wir, wie sich Menschen in Kopenhagen und kleineren Orten heute aus dem reichen Fundus der dänischen Stilgeschichte bedienen. Wir besuchen Wohnungen, in denen Hygge in den verschiedensten Varianten zu Hause ist. Im ersten Kapitel erleben wir zwei sehr unterschiedliche Wohnstile, beide jedoch basieren auf der Wertschätzung traditioneller Möbel und Accessoires, die perfekt in ein urbanes Leben im 21. Jahrhundert passen. Danach zieht es uns in Räumlichkeiten, in denen der kreative Umgang mit lebhaften Farben im Mittelpunkt steht, wodurch sie unvergleichlich offen und freundlich wirken. Dass sich Holz und die anderen typischen Naturmaterialien des klassischen dänischen Designs ebenso gut in eine historische Villa einfügen wie in ein original erhaltenes Architekturjuwel aus den 1950er-Jahren, führt das dritte Kapitel vor Augen. Und schließlich schauen wir uns an, wie sich ein nachhaltiger Lebensentwurf und die Liebe zur Natur in eine durch und durch zeitgemäße Formensprache übersetzen lassen, die nichts vom Ökostil vergangener Tage hat.

All diesen Wohnungen ist gemeinsam, dass sie eine sehr persönliche Ausstrahlung haben und ihren Bewohnern rundum entsprechen. Einrichtung und Gestaltung sind Ausdruck des jeweiligen Lebensstils, ohne sich in den Vordergrund zu drängen. Vielmehr geben sie Raum zur individuellen Entfaltung und für einen Alltag, in dem die Gemeinschaft mit anderen einen großen Stellenwert hat. Wenn wir es wie die Dänen machen und uns auf unser natürliches Gefühl für die schönen Seiten des Lebens verlassen, gelingt es uns wie von selbst, Hygge in unsere eigenen vier Wände einzuladen und einen Ort des Glücks für uns zu schaffen.

01

Alt
&
Neu

Ob festlich geschmückt oder in seiner alltäglichen Schönheit – unser privater Lebensbereich ist ein Statement, das viel über uns aussagt. Damit es auch wirklich zu uns passt, brauchen wir einen lebendigen Bezug zu den Dingen, die uns umgeben. Die persönliche Handschrift ist es, die den Mix aus antiken und modernen Möbeln und Accessoires überzeugend macht.

Für den Hygge-Faktor zählt, dass du nicht einfach einem Wohntrend folgst und irgendwelche Antiquitäten mit modernen Designerstücken kombinierst. Einen hyggeligen Effekt hat so ein Ensemble vor allem dann, wenn du eine Geschichte damit verbindest. Weißt du etwas über die Vorbesitzer des alten Schranks?

Alt & Neu

Was magst du besonders an der avantgardistischen LED-Leuchte und warum passt sie so gut zu dem Midcentury-Schreibtisch, den dir die Nachbarn überlassen haben? Schau dir jedes Stück in deiner Wohnung und auch potenzielle Neuerwerbungen unter diesen Gesichtspunkten an.

Ein sicheres Rezept für Wohnräume mit viel Hygge ist auch das Spiel mit Materialien. Klassische Werkstoffe wie Holz und Leder sind ideal, denn sie sind warm und lebendig. Ein Kontrast aus Metall, etwa eine Leuchte aus mattem Aluminium, setzt einen modernen Akzent.

Auf den folgenden Seiten stellen wir dir zwei Kopenhagener Wohnungen vor, die Altes und Neues auf einzigartige Weise verbinden. Was diese Beispiele besonders sympathisch macht: Hier stehen Innen und Außen im Einklang miteinander. Es sind alte Häuser, in denen sich die beiden modernen Wohnstile auf ganz natürliche und harmonische Weise entfalten.

Der schmale antike Schreibtisch bietet genug Platz für einen Laptop und persönliche Deko-Objekte. Die perfekte Ergänzung ist der Schalensessel, ein Klassiker von 1950.

Die altmodische Leuchte im Industriestil und die Tafelwand sorgen für ein freundliches Willkommen im Eingangsbereich.

HANDMADE TRIFFT GESCHICHTE

Cecilie Aarfing Kiær Thomsen schwärmt von ihren Ausflügen nach Paris – aber trotzdem ist sie nirgendwo lieber als in ihrer Wohnung in Kopenhagen. Das Wichtigste für sie: „Die Atmosphäre!" Sie und ihr Mann Andreas haben gerne und oft Besuch und sitzen manchmal bis spät in die Nacht mit ihren Freunden zusammen. Bei ihnen fühlt sich jeder wohl, und Celilie achtet darauf, dass immer alle Zutaten für vollendete Hygge bereit-

Ein Hyggekrog, wie er im Buche steht! Die traditionellen Bistrostühle am Marmortisch und die handgenähten Kissen sind einladend und behaglich.

Der Grundriss der Küche ermöglicht ideale Abstände zwischen Spüle, Kochbereich und dem Esstisch, der auch als Arbeitsfläche dient.

stehen. Wie in jedem dänischen Haushalt finden sich daher überall Kerzen, und selbst mitten im Sommer gibt es nichts Schöneres, als sich in ihre selbstgenähten weichen Kissen zu schmiegen, wenn man in kleiner Runde ins Gespräch vertieft ist.

Die Küche in dieser Wohnung ist ein ebenso geselliger wie funktionaler Ort. Die schlichten Schränke mit weißen Fronten sind neu, treten aber hinter den vielen lebendigen Holztönen im Raum ganz zurück. Bei einem Antiquitätenhändler hat Cecilie einen Satz klassischer Bistrostühle gefunden, und die maßgefertigte Sitzbank bietet nicht nur viel Stauraum, sondern ist mit den verschiedenfarbigen Kissen auch urgemütlich. Den Tisch hat sie aus der Marmorplatte und dem Gestell von zwei verschiedenen Tischen zusammengesetzt. „Dafür braucht man kein großes handwerkliches Geschick", erklärt sie bescheiden. Ohne viel Aufwand hat Cecilie der Einrichtung einen individuellen Look gegeben, der vollkommen harmonisch wirkt. Und weil die ganze Wohnung neu renoviert wurde und mit riesigen Fenstern gesegnet ist, setzen sich die vielen antiken Stücke wunderbar von den makellos weißen Wänden ab – sie sind alt, aber nicht veraltet.

RECHTE SEITE

Die Küche ist mit dekorativen alten Utensilien ausgestattet, aber auch mit neuen Dingen, die traditionell gefertigt wurden. Alle Gegenstände haben eine lange Geschichte und sind nach wie vor in Gebrauch. In der frisch sanierten Wohnung hat auch die zum Küchenregal umfunktionierte Garderobe vom Flohmarkt nichts Verstaubtes an sich.

Details,
die etwas erzählen

Kindgerechte Antiquitäten wie die alte Wandtafel und das originelle Zirkuszelt ergänzen sich mit dem kleinen Zoo über dem Vintage-Schreibtisch.

RECHTE SEITE
Hier kommt auch der Spaß nicht zu kurz, und überdies betont die Schaukel den fließenden Übergang der Räume ineinander.

SEITE 24/25
Ein multifunktionaler Raum lässt viel Spielraum für Gestaltung. An der großen Tafel kommen Familie und Freunde zusammen. Zum Hygge-Effekt tragen besonders die Wandleuchten bei, die nicht blenden, sondern Lichtinseln schaffen und damit für eine warme Atmosphäre sorgen.

DIESE SEITE
Helligkeit und weite Blicke prägen den Gesamteindruck dieser Wohnung. Eine persönliche Note erhält sie aber erst durch die Details, die etwas über das Leben der Bewohner verraten – Erinnerungsstücke, kleine Kunstwerke und kreative Materialien.

Wenn Cecilie eine größere Tafel decken möchte, nutzt sie das weitläufige Arbeits- und Esszimmer. Wie die gesamte Wohnung ist es lichtdurchflutet, und abends sorgen die Wandleuchten im Industriestil für eine wohlige Atmosphäre. Wie auch im Wohnzimmer kommt der Mix aus Alt und Neu hier großartig zur Wirkung. Der elegante Raum mit Fischgrätparkett und Stuckleisten könnte auch ein traditionelles Altbauambiente beherbergen. Doch die reduzierte Farbpalette aus Weiß, Schwarz und Naturfarben sowie die schnörkellose Einrichtung setzen ganz klar einen modernen Akzent. Die weißen Schalenstühle an dem schlichten weißen Tisch auf groben Holzböcken sind Klassiker, die dem Raum ein absolut zeitgenössisches Aussehen verleihen.

Bei der Einrichtung ging es den Bewohnern darum, mit ausgefallenen Fundstücken dennoch einen klaren, aufgeräumten Look zu kreieren. Cecilie liebt es, wenn Möbel oder Accessoires eine Geschichte haben. „Unser Schreibtisch kommt zum Beispiel aus Indonesien und wurde früher einmal bei Hochzeiten verwendet", erzählt sie. Und Andreas, ein passionierter Jäger, hat der Wohnung mit der einen oder anderen Trophäe ebenfalls einen persönlichen Stempel gegeben.

RECHTE SEITE
Kerzen und Schaffelle sind unentbehrliche Accessoires für echte Hygge.

LINKS UND UNTEN
Ein Highlight der Altbauwohnung ist das Schlafzimmer mit der maßgefertigten Schrankwand aus alten Türen und Holzlatten. Das Gleichgewicht aus Alt und Neu wird wiederhergestellt durch das ansonsten schlichte, zurückhaltende Design und die neutralen Farben der übrigen Möbel.

Das Gästebad greift das Konzept dieser Wohnung auf: Der Spiegel im antiken Rahmen setzt einen interessanten Kontrast zum modernen Waschbecken.

Der großzügige Gesamteindruck der Wohnung, die mit ihren 138 Quadratmetern genug Platz bietet für die dreiköpfige Familie, setzt sich im Wohnzimmer fort. Die Einrichtung ist auch hier zurückhaltend, aber charaktervoll, und das bequeme Sofa fügt sich perfekt in das entspannte Wohnkonzept ein. Mit seinem modernen, geradlinigen Design steht es im sympathischen Kontrast zu dem originellen Paletten-Couchtisch und den typisch skandinavischen Sesseln aus Holz und Segeltuch. Hier sind die haptischen Oberflächen ein entscheidender Hygge-Faktor: Das Sofa ist mit einem strapazierfähigen, aber weichen Wollstoff bezogen, das Holz des niedrigen Tischs fühlt sich rau an, aber natürlich wurde es ein wenig geglättet, damit man sich nicht daran verletzt. Unverzichtbar sind die kuscheligen Schaffelle, die vor allem im Winter für Wohlgefühl sorgen. Cecilie und Andreas haben hier bewusst auf Deckenleuchten verzichtet. Sie ziehen verschiedene Lichtquellen vor, die Geborgenheit vermitteln, wenn man sich zum Lesen aufs Sofa zurückziehen möchte.

Ein Meisterstück mit einer ganz eigenen Geschichte ist die Schrankwand im Schlafzimmer. Cecilies Bruder hat dafür unzählige alte Türen und Holzlatten aus einem Sägewerk südlich von Kopenhagen besorgt. Dieses Unikat bringt das Credo der Bewohner auf den Punkt: Wenn wir mit viel Kreativität etwas Neues aus Altem schaffen, stellen wir eine enge Beziehung zu den Dingen her. Cecilie erinnert sich gerne an die Gemeinschaftsaktion, als sie den Schrank gebaut haben. „Alle haben mit angefasst. Es war harte Arbeit, aber dieses Erlebnis macht den Schrank auch so wertvoll für uns."

INSPIRATION

Nostalgie

Mit Dekoration und Gebrauchsgegenständen aus alten Zeiten kannst du deiner Wohnung einen charmanten und persönlichen Touch verleihen. Schön gealterte Dinge sprechen unsere emotionale Seite an.

Nicht nur im Kinderzimmer sind Tierfiguren eine tolle Deko, die gute Erinnerungen wecken.

Die schöne antiquierte Brotbox fügt sich stilsicher und praktisch auch in eine moderne Küche ein.

Manche Retro-Stücke versetzen uns spontan in die Hippie-Zeit und machen einfach gute Laune.

Nostalgie trifft Nachhaltigkeit, wenn wir hübsche alte Dinge im Alltag weiterhin nutzen.

Hinter der prunkvollen Fassade aus dem 19. Jahrhundert im Westen der Kopenhagener Innenstadt liegt die Wohnung von Marie Rasmussen.

Im Arbeits- und Esszimmer hat Marie auch Platz für ihren Lieblings-Hyggesessel gefunden.

HYGGE & MINIMALISMUS

Mit ihrer Altbauwohnung im angesagten Kopenhagener Stadtteil Vesterbro ist der Architektin Marie Rasmussen ein Kunststück gelungen: Der geradlinige Stil und das vorherrschende Weiß sind alles andere als kühl oder neutral. Die großen Räume haben eine durch und durch persönliche Ausstrahlung, jedes Detail sitzt, und es gibt viele gemütliche Ecken. Kaum zu glauben, dass Marie früher nie genug Farbe um sich haben konnte!

Leuchten auf unterschiedlicher Höhe und die abwechslungsreiche Stuhlsammlung ziehen alle Blicke auf sich.

Für die Tischplatte hat Marie alte Dielen verwendet, die bei der Sanierung einer Turnhalle entsorgt wurden. Das teils unbehandelte Holz gibt dem klaren Raum etwas Handwerkliches und Kreatives. Dazu passen die selbst gefertigten Architekturmodelle ebenso wie die Bildbände und die diversen Kunstgegenstände in dem geradlinigen Regal.

Marie war überglücklich, als sie die herrschaftliche Wohnung im Westteil der Stadt bezog. Das ist über zehn Jahre her, damals studierte sie noch. „Ich habe zuerst viel mit Farben experimentiert – die Möbel gelb gestrichen, gestreifte Tapeten an die Wände geklebt und so weiter", erinnert sie sich lachend. Inzwischen hat sie andere Prioritäten: „Licht und Luft sind mir das Wichtigste in meiner Wohnung." Sie hat sich nicht nur vom chaotischen Farbmix getrennt, sondern auch von vielen ihrer Besitztümer. Die Räume wirken offen und weit, und das Tageslicht gelangt durch die großen Fenster bis in den letzten Winkel. Die Möbel sind handverlesen und passen alle perfekt ins farbliche Konzept. Antik, Vintage oder modernes Designerstück: Vor dem weißen Hintergrund von Boden und Wänden kommen die schwarzen und naturfarbenen Highlights toll zur Geltung.

Dennoch: Wie kann so viel Weiß so gemütlich sein? „Das Geheimnis liegt darin, verschiedene Weißtöne zu kombinieren",

Marie geht sparsam mit Farben um und mischt sie gerne mit Objekten in verschiedenen Schattierungen von Weiß und Schwarz. So entsteht ein lebendiger Rhythmus in den architektonisch strengen Regalfächern.

RECHTS
Die Oberflächen von klassischen Werkstoffen wie Holz, Stein und Keramik sind schön anzufassen und sie geben dem Raum eine warme Ausstrahlung.

verrät Marie. So ist der schöne Dielenboden in einem matten Eierschalenweiß lasiert, die Wände strahlen in Reinweiß, und der Anstrich der restaurierten Holztüren und Türrahmen liegt genau dazwischen. Es gibt spiegelnde oder samtige Oberflächen und natürlich weiche Stoffe und Fell – jedes Material hat eine unterschiedliche Wirkung im Licht. So kommt mehr Farbenvielfalt ins Spiel, als man auf den ersten Blick denken könnte. Darum ist Maries Wohnung alles andere als schwarz-weiß!

Marie ist ein sehr visueller Mensch, ihr gefallen grafische Muster und klare Formen. Aber sie liebt es auch, Dinge zu berühren und ganz verschiedenartige Oberflächen und Materialien um sich zu haben. „Wenn die Dinge eine bestimmte Wärme ausstrahlen, spüre ich echte Hygge bei mir zu Hause", erklärt sie. Geschickt hat sie überall ganz besondere Materialien platziert, vom kunstvoll gefalteten Papierobjekt im Bücherregal über die einzelnen unbehandelten Holzlatten in der Tischplatte bis hin

Für wohliges Licht am Abend sorgen der Kerzenleuchter „Kubus", ein dänischer Klassiker von 1962, und die Pendelleuchte „Lampara" von Fontana Arte.

Kunst und Küchenutensilien passen sich dem Stil der Wohnung an. Selbst die Kerzen tragen zur vielfältigen Schwarz-Weiß-Optik bei.

Muster ist die neue Farbe

Das Nützliche mit dem Dekorativen verbinden: Hübsch gemusterte Fliesen dienen als Schutz vor tropfendem Wachs.

zu den schwarzen Lederschlaufen, mit denen sie die konventionellen Metallgriffe an den Küchenfronten ersetzt hat. Eine schöne Ergänzung sind originell gemusterte Kacheln, mit denen die Rückwand der Küchenzeile gefliest ist. Einige verwendet Marie auch als Untersetzer oder einfach als Dekoration. „Die Muster haben eine lebendige Struktur, und in den Designs kommen handwerkliche und künstlerische Arbeit zusammen", erklärt Marie. Darum sind auch manche ihrer eigenen Kunstwerke und Architekturmodelle aus der Studienzeit in ihrer Wohnung zu sehen. Die zierlichen Objekte stehen für wertvolle Erinnerungen und erzählen etwas von ihrer Schöpferin.

Marie hat eine Vorliebe für Papier und festen Karton, mit denen sie als Architekturstudentin experimentiert und zahlreiche Modelle gebaut hat. Nun verleihen sie ihrer Wohnung besonderen Charme.

Die spannende Gegenüberstellung von Alt und Neu sorgt für den einzigartigen Charakter dieser Wohnung. Das Verbindende sind die Farben und der helle, warme Holzboden in allen Räumen. Großartige Durchblicke gewährt die herrschaftliche Flügeltür zwischen Küche und Wohnzimmer.

Der alte faltbare Malerhocker ergibt zusammen mit dem Regiestuhl und den Kunstwerken an der Wand ein schönes Bild. Auf der Fensterbank kommt eine Kollektion von japanischen Papierdosen und dänischen Vasen zur Geltung.

Im Wohnzimmer besticht Maries kleine Sammlung dänischer Kunst in verschiedensten Farben und Formaten über dem schlichten grauen Sofa. Die Stehleuchte links ist „Panthella" von Verner Panton, ein weiteres Highlight der Designgeschichte.

Einige Möbelstücke hat Marie von ihren Großeltern geerbt. „Es war gar nicht so einfach, sie in mein Konzept zu integrieren. Anfangs wusste ich zum Beispiel wirklich nicht, wohin mit der Rosenholzkommode." Doch dann entschied sie sich dafür, die kostbare Antiquität als Einzelstück an eine Wand zu stellen. Luft und Freiraum, das war auch hier die Lösung. Als Marie dann noch moderne Accessoires und Kunst darauf arrangierte, war es so, als hätte die Kommode schon immer dort im Wohnzimmer gestanden. Das neue alte Lieblingsstück wird spannungsvoll ergänzt von den Bildern an der angrenzenden Wand. „Für mich ist Kunst unverzichtbar. Sie verleiht meinem Zuhause Persönlichkeit", schwärmt Marie. Überdies kennt sie einige der Künstler und hat manche von ihren Werken in Galerien erworben. Hier hat alles eine persönliche Geschichte.

Kunst und Design verschmelzen zum Hyggekrog

Erst als Marie die Rosenholzkommode zum Star der großen weißen Wand machte, war sie sicher, dass das Erbstück zu ihrem Stil passt. Besonders wirkungsvoll ist der Kontrast mit dem „Schmetterlingssessel" aus den 1930ern und dem niedrigen Tisch aus einer Lavasteinplatte.

Für Marie war die Altbauwohnung ein Glücksgriff, und indem sie ihre vier Wände von Grund auf saniert und sorgfältig gestaltet hat, hat sie sich die Räume ganz zu eigen gemacht. Es ist ein Ort geworden, an dem sie sich geborgen fühlt, in dem sie sich frei entfalten kann und der überall eine Möglichkeit bereithält, sich mit Freunden zu einem gemütlichen Essen zu versammeln oder auf einen Kaffee zusammenzusitzen. Hygge pur.

Ein Arrangement aus kleinen Grafiken und Objekten auf dem antiken Garderobentischchen – auch hier gehen Alt und Neu eine harmonische Verbindung ein.

Vom Schlafzimmer gelangt man auf den kleinen Balkon. Marie genießt es, wenn sie morgens von der Sonne geweckt wird.

Das großformatige Gruppenbild von der dänischen Künstlerin Mette Helena Rasmussen setzt einen zeitgenössischen Akzent in dem kleinen Raum, den Marie auch als Gästezimmer nutzt.

Sanfte Farbtöne und nur wenige Einrichtungsstücke – das Schlafzimmer strahlt entspannende, freundliche Ruhe aus.

INSPIRATION

Schwarz & Weiß

Was nach Schachbrett klingen mag, liefert unendliche Gestaltungsmöglichkeiten. Mit Schwarz-Weiß kannst du tolle Akzente setzen, schönes Design tritt besonders auffällig hervor, Accessoires und Muster sind leicht zu kombinieren.

Das Stillleben ist ein besonderer Blickfang, weil keine Farbe von der Gestaltung der dekorativen Objekte ablenkt.

Schwarz und Weiß betonen die Form und fügen sich ohne Weiteres in jedes Farbschema ein.

Die Strenge von Schwarz und Weiß wird durch weiche Formen und ergänzende Naturfarben aufgehoben.

Ein geradliniger Einrichtungsstil wird durch den Kontrast von Schwarz und Weiß perfekt unterstützt.

Hygge mit Alt & Neu

Mach es wie die Dänen: Mit wenigen Details kannst du dir Hygge nach Hause holen. Stelle schöne Objekte zusammen, die dich an besondere Momente erinnern. Bei der Auswahl zählen warme, ansprechende Farben und Materialien, die man einfach gerne anfasst. Dinge, denen man ihre handwerkliche Herstellung ansieht, stehen ebenfalls ganz oben auf der Hygge-Liste.

Viel Spaß beim Dekorieren!

02

Farbe

Tag für Tag sind wir von unendlich vielen Bildern umgeben, Farbe begegnet uns sozusagen auf Schritt und Tritt. Da ist es manchmal gar nicht so einfach, für die eigene Wohnung die Farbauswahl zu treffen, die uns nicht nur gefällt, sondern auch zu uns passt. Und doch ist eine geschickte Farbregie das A und O, damit wir uns auch wirklich zu Hause fühlen können.

Im skandinavischen Stil haben traditionell die natürlichen Farben das Sagen, denn Holz, Eisen und Keramik sind die Materialien, aus denen lange vor der Industrialisierung einfach alles hergestellt wurde. Noch heute haben die Dänen eine große Vorliebe für diese Werkstoffe und alles Natürliche. Sie lieben warme Holztöne, das klare Blau des Himmels und die vielen bunten Farben, die ein sommerliches Blumenbeet bereithält.

Farbe

Bei den Farben, die uns die Natur ganz von selbst zur Verfügung stellt, dürfen wir uns auch für die Einrichtung unserer Wohnung bedienen. Sie bringen eine selbstverständliche Harmonie mit – und außerdem sind Naturfarben sehr tolerant, wenn es um ausgefallene und moderne Kombinationen geht.

Wenn du auf der Suche nach Möglichkeiten bist, dir mehr Hygge ins Haus zu holen, dann sind überzeugende Farbzusammenstellungen ein guter Anfang. Dabei lohnt es sich, darauf zu achten, dass leuchtende Farben einen ruhigen Gegenpol bekommen. Umgekehrt besticht eine große Farbenvielfalt meist dadurch, dass es einen gemeinsamen Nenner gibt, zum Beispiel einen verwandten Grundton oder dieselbe Intensität. Auch ein Ambiente in Schwarz und Weiß wirkt besonders lebendig, wenn es durch ein paar Farbakzente aufgelockert wird. In den Wohnbeispielen auf den folgenden Seiten kannst du in Farben schwelgen und sicherlich einige Ideen für dein eigenes Zuhause finden.

Kunstgriff: Die Zweige wurden mit Sprühfarbe lackiert und leuchten vor der dunklen Wand.

Eine Kombination aus Gelb, Grün und Rosa? Passt! Mit diesem frechen Gelb lassen sich diverse Kontrastfarben zusammenstellen.

LEUCHTENDE AKZENTE

Auf Westseeland haben Marianne und Jørgen Thuesens ihr Traumhaus entdeckt. Dabei waren sie ursprünglich gar nicht besonders anspruchsvoll: „Wir suchten nach lichtdurchfluteten Räumen und hohen Decken", erinnern sie sich. Was sie fanden, war eine stark renovierungsbedürftige Villa aus dem Jahr 1910 mit drei separaten Wohnungen. Früher einmal verbrachten Pensionäre eines Landwirtschaftsbetriebes hier ihren Lebensabend.

LINKE SEITE UND RECHTS

Mit einfachsten Mitteln einen spektakulären Effekt schaffen: Die Papierblätter in gedeckten Farben passen exakt zu den Farben um den antiken Schreibtisch und heben sich einzigartig von der grauen Wand ab.

Marianne arbeitet in einem Designunternehmen, Jørgen ist Architekt. Die beiden erkannten gleich, dass sie es hier mit einem Juwel zu tun hatten. Aber der Weg zur heutigen Form war ziemlich weit. „Es war wirklich mühsam, die diversen Modernisierungen seit den 1960er-Jahren zu beseitigen." Die Decken waren abgehängt, der Boden und sogar die Wände mit Kork belegt. Doch nun haben sie auf zwei Etagen 260 Quadratmeter zur Verfügung, einen Teil davon nimmt Jørgens Büro ein.

Das Motto für ihr neues Domizil hatten die kreativen Besitzer schnell gefunden: „Gute Laune durch Farben." Wie sie dabei vorgegangen sind? „Es ist ganz einfach: Wenn man einen ruhigen Grundton wählt, lassen sich Farben frei kombinieren, ohne dass ein chaotisches Durcheinander entsteht." Sie schwelgt in knalligem Pink, Grün und Gelb und beweist: Die weißen oder grauen Wände und ein heller Holzboden sind der ideale Hintergrund, der die Räume erdet und sie mehr als wohnlich macht.

Auch ihre Kreativecke hat Marianne zu einem stimmigen Farb-Pool gemacht. Hier schöpft sie neue Ideen aus leuchtenden Farben in belebenden Kombinationen. Trotz der Vielfalt wirkt der Raum nicht überladen, denn die einheitlich weiße Wand und das scheinbar schwebende Regal bieten einen neutralen Rahmen.

Bei einem Farbkonzept, das manche vielleicht als gewagt empfinden, gibt es ein paar Grundregeln. Auch wenn Marianne sich durch nichts eingeschränkt fühlt – die freie Kombination von Farben erfordert schon ein wenig Geschick und ein gutes Auge. Dass Marianne beides besitzt, ist nicht zu übersehen.

Die Farbe Pink ist sozusagen der rote Faden, der sich durchs ganze Haus zieht. Es erinnert die Hausherrin an ihre Großmutter. „Ich bin mit der Idee aufgewachsen, dass ein Zauber von Farben ausgeht", erzählt sie ein wenig verträumt. Dennoch hat diese Farbwahl nichts Mädchenhaftes, denn Marianne hat sich für ein Neonrosa entschieden, das den Ton angibt. Es taucht in diversen Varianten immer wieder auf, vom Schmuck der kupferfarbenen Zweige im Flur über die Kissen auf der grellgelben Holzbank bis hin zum locker bestückten Setzkasten aus Kunststoff, der auf dem weißen Regal im Kreativzimmer thront. Daneben reichen die Nuancen von Bonbonrosa bis zu zartem Rosé, das ganze Spektrum kommt zum Einsatz. Die ausgewogene Verteilung oder auch gezielte Ballung der intensiven Farbe ist es, die diese Wahl so überzeugend macht.

Doch all dies wäre ohne Effekt, wenn das Pink nicht starke Partner hätte, nämlich Variationen von Grün und ein grünliches Gelb. Allen Farben gemeinsam ist, dass es keine reinen Farben sind, sondern Töne, die durch Mischen entstehen. Bei der richtigen Mischung – haben die Farben also beispielsweise den gleichen Blau- oder Rotwert oder sind ähnlich stark mit Schwarz oder Weiß abgetönt –, gehen auch vermeintlich gegensätzliche Farben eine stimmige Verbindung ein.

LINKE SEITE
Das großformatige Porträt ist ein Fokus im Arbeitszimmer und bringt Ruhe in das fröhlich-bunte Ambiente.

Besonders reizvoll sind Zusammenstellungen von genau gegensätzlichen Farben wie Pink und Türkis. In solchen Arrangements findet Marianne Inspiration für ihre kreative Arbeit.

Ordnung hat für Marianne nichts mit grauen Aktenordnern zu tun. Sie sortiert ihre Unterlagen und kreativen Materialien am liebsten in Schachteln, die zugleich ein selbstbewusstes Bekenntnis zur Farbe sind.

Im Esszimmer sorgt der Holzofen an kühleren Tagen für heimeligen Feuerschein und wohlige Wärme. Die Harmonie aus Naturtönen und kräftigen Farben zieht sich durch alle Räume.

Außerdem achtet Marianne darauf, das farbliche Motiv nicht überzustrapazieren. Die Farben stehen miteinander im Gleichgewicht, nicht zuletzt durch die diversen gestreiften Textilien, in denen die Töne zusammen auftauchen. Vor allem jedoch sind es die Flächen in neutralen Farben, die den harmonischen Gesamteindruck ganz entscheidend prägen. Zum einen gilt dies für die durchgehend weißen Zimmerdecken, die nur durch wenige Stuckelemente geschmückt sind. Zum anderen sorgt der helle Dielenboden in allen Räumen für eine natürliche Grundstimmung. Und schließlich gibt es noch die charaktervollen, grau gestrichenen Wände, die sämtliche bunten Farben zusätzlich zum Strahlen bringen.

Die Idee zu diesem Experiment kam Marianne durch das ungewöhnliche Schwarz-Weiß-Foto von einem Inder, das ihr Sohn von einer Reise mitbrachte. „Es ist sehr groß und auch durch den Gesichtsausdruck des Mannes recht dominant. Auf einer weißen Wand wäre es mir einfach zu stark gewesen." Das Foto ist eindeutig der Blickfang im Raum, aber es wird gehalten durch die dunkle Wand drumherum. Als Marianne sah, dass sie die richtige Entscheidung getroffen hatte, übernahm sie das Grau mit dem leichten Blauschimmer auch für die angrenzenden Wände und hat so einen Raum geschaffen, in dem man sich einfach vom ersten Moment an wohlfühlt.

RECHTE SEITE
Die grellroten Akzente setzen ein geschickt ausbalanciertes Gegengewicht zu der eleganten dunklen Wand mit dem großformatigen Schwarz-Weiß-Bild. Streifenmuster lockern den effektvollen Kontrast ein wenig auf und bringen ganz nebenbei weitere Farben ins Spiel.

Marianne macht es Spaß, wenn auch die einfachsten Dinge zufällig spannungsvolle Farbkombinationen ergeben.

UNTEN
Ganz nebenbei erfüllt der Spritzschutz auch eine Funktion als Farbakzent.

Farbenfroher Mittelpunkt

LINKS UND RECHTE SEITE
Die Dänen haben eine starke Verbindung zum traditionellen Design ihres Landes. Die Designklassiker gehören hier einfach zum Alltag: Der Esstischstuhl schlechthin ist „Myren" (Ameise) von Arne Jacobsen: Er entwarf ihn 1952 für eine Kantine. Der dekorative Holzvogel von Kristian Vedel stammt aus dem Jahr 1956.

Die große Wohnküche bietet Platz für die verschiedensten Bedürfnisse. Der ultrabequeme Polstersessel lädt nicht nur zum Relaxen ein, sondern ist mit seiner knalligen Farbe ein Hingucker, der auf dem hellen Holzboden großartig zur Geltung kommt.

Das historische Backsteinhaus war früher ein Alterssitz für pensionierte Landarbeiter. Es liegt am Ortsrand und blickt nach Norden und Süden über riesige Weizenfelder.

So ausgefeilt das Einrichtungskonzept in diesem lichtdurchfluteten Haus auch ist – es befindet sich immer im Wandel. Marianne nimmt sich häufiger Zeit dafür, die Räume je nach Jahreszeit ein wenig anders zu gestalten. Wie stark sich jedes einzelne Detail auf den Eindruck und die Atmosphäre eines Zimmers auswirkt, wird dann erst richtig deutlich. Da alle Familienmitglieder sich gerne kreativ betätigen und Kunstliebhaber sind, gibt es einen großen Vorrat an gerahmten oder ungerahmten Bildern in den verschiedensten Formaten im Haus. Daraus schöpft Marianne, wenn sie beispielsweise die Küche umdekoriert. Das Bord über der Arbeitsfläche ist wie eine kleine Galerie, auf der sie immer wieder andere Kunstwerke präsentiert.

Wenn es um Farbeffekte und variierende Raumgestaltungen geht, spielen selbstverständlich auch Textilien eine große Rolle. Das Obergeschoss besticht durch den offenen Dachstuhl, der den großen Wohnraum wirken lässt, als läge er unter freiem Himmel – zu allen Tageszeiten ist er lichterfüllt, und auch bei regnerischem Wetter ist Marianne bester Stimmung, wenn sie sich hier aufhält. Ihr Konzept „Gute Laune durch Farbe" hat sich bewährt. Den Ton geben hier die historischen Dachbalken an, die im Zuge der Renovierung sorgfältig freigelegt wurden. Einen helleren Holzton bringt der Dielenboden mit, der auch schon im Erdgeschoss für eine grundsolide Basis sorgt. Hier stand also von vornherein ein wenig das Thema Natur im Mittelpunkt, und umso passender fand Marianne daher den hübschen alten Sessel mit dem wunderbaren Rosen-Polsterbezug, der sich farblich vollkommen bruchlos einfügt. Überraschend ist die gelungene Kombination der schicken Bodenkissen, deren Streifenstoff ganz ähnliche Farben aufweist. Zusammen mit den bunten Aufbewahrungsboxen und dem zeitgenössischen Gemälde kommt auf diese Weise eine frische, moderne Brise in den ansonsten zeitlosen Raum. Entscheidend sind aber auch hier die weißen Wände, die völlig zurücktreten, das seitlich und durch die Dachfenster einfallende Tageslicht vermehren und den leuchtenden Farben das Spielfeld überlassen.

Mit viel Liebe zum Detail und einem Füllhorn guter Ideen haben Marianne und Jørgen die alte Backsteinvilla zu neuem Leben erweckt. Die Räume haben zurückgefunden zu ihrer ursprünglichen Form, und doch strahlen sie durch die Weitläufigkeit und die stilsichere Einrichtung ein ganz und gar modernes Flair aus. Die Eleganz, die mit einem Bau aus der vorigen Jahrhundertwende einhergeht, brechen die neuen Besitzer spielerisch auf, indem sie viel Bewegungsfreiheit geschaffen und als verbindendes Element aller Räume fröhliche Farben in allen erdenklichen Formen eingesetzt haben. Das „Ankerhus", ein ehemaliger Alterssitz, hat eine großartige und nachhaltige Verjüngungskur durchgemacht.

RECHTE SEITE
Die gestreiften Bodenkissen von Chola und die bunten Schachteln schaffen einen lebendigen Anblick in dem weitläufigen Wohnraum im Dachgeschoss.

INSPIRATION

Farbe

Ein überzeugendes Farbkonzept hat nichts mit Villa Kunterbunt zu tun. Es geht um ein stimmiges, erfrischendes Miteinander von Farben, die sich ergänzen, und solchen, die spannende Kontraste erzeugen.

Wenn du eine dunkle Wand als Hintergrund wählst, erscheint jede Farbe davor umso intensiver – Effekt pur!

Experimentiere mit verschiedenen Farbkombinationen, bis du deine perfekte Zusammenstellung gefunden hast.

Berücksichtige bei der Gestaltung auch Naturfarben, die wie von selbst hinzukommen, wie Terrakotta und Pflanzengrün.

Gewöhnliche Möbel werden zum Hingucker, wenn sie nicht zufällig, sondern farblich spannend kombiniert sind.

LINKS UND UNTEN
Farbe findet sich fast überall, auf historischen Schulkarten ebenso wie in Patchwork-Kissen oder Washi-Tape.

RECHTE SEITE
„Willkommen" auf Dänisch: Im Eingangsbereich grüßen Neonbuchstaben aus Garn und Nägeln.

KREATIVE FUNDGRUBE

Perenille Mühlbach ist Grafikdesignerin, Illustratorin und Bloggerin. Mit ihrem Mann Kasper und den beiden kleinen Töchtern hat sie sich in einem ehemaligen Stallgebäude mit Blick auf die Ostsee niedergelassen. Die Einrichtung ist geradlinig und modern, und für einen aktuellen Vintage-Look sorgen farbenfrohe Details vom Flohmarkt oder aus dem Internet sowie viele originelle Eigenkreationen.

Knallige Stühle, an denen die Kinder ihren Spaß haben und die auch noch perfekt ins Farbkonzept passen.

Als Perenille und Kasper das alte Nutzgebäude umfassend renovierten, war es ihnen wichtig, es in seiner ganzen Schönheit zur Geltung kommen zu lassen. Die Räume sprechen für sich, weiß verputzte Wände und die schlichte Möblierung drängen sich nicht in den Vordergrund. Ungehindert fällt der Blick auf die hübschen Bögen der Fenster und Durchgänge – der fantastische Blick auf die Ostsee tut ein Übriges. Der Boden ist mit Holzdielen belegt, im Eingangsbereich und nahe der Terrasse kommen robuste quadratische Ziegelsteinfliesen zum Einsatz. Alle Materialien entsprechen der Bauzeit um 1800, dabei sind die original erhaltenen Träger und Balken aus massivem Holz natürlich ein besonderes Highlight.

LINKE SEITE
Nicht nur ordentlich, sondern auch ein bunter Blickfang: Stifte und Tischutensilien auf einem leuchtend grünen Kunstsofftablett versammelt.

Die persönliche Handschrift der Besitzer kommt dennoch zum Tragen – wie sollte es auch anders sein bei einer Designerin? Perenille setzt dabei nicht auf berühmte Klassiker der Möbelgeschichte, sondern vor allem auf eigene Ideen. „Hübsche Designerstücke kann sich jeder hinstellen", sagt sie mit einem Lächeln. „Aber ein Zuhause schaffst du dir nur, wenn die Dinge, die du auswählst, zeigen, wer du bist."

Die farbliche Basis schaffen Weiß, Holz und Terrakotta, und diese Töne finden sich auch in der Einrichtung wieder: Weiße Küchenschränke mit einer Arbeitsplatte aus Holz, Esstisch und -stühle in Weiß, eine Leseliege mit Naturlederbezug und ein schlichtes dunkelbraunes Ecksofa. Wie mit einem Pinsel auf

die weiße Leinwand hat Perenille in dieses Ambiente viele Farbtupfer gesetzt – ausgewählt, aber unübersehbar. Am unkompliziersten war es, originelle Kissen zu sammeln und dekorativ zu verteilen. Sie passen in Form und Muster zusammen und tragen die unterschiedlichsten Farben bei. Ein Glückstreffer war die alte Europakarte, die Perenille in einer Schule in ihrer Nähe entdeckt hat und kaufen konnte. Sie ist das Prunkstück des Wohnbereichs, und erstaunlicherweise erinnert nichts daran mehr an Schule. Durch die Farben der vielen Länder wirkt die Karte regelrecht kunstvoll. Und auch die Tatsache, dass sie sichtlich aus einer längst vergangenen Zeit stammt, lässt sie vollkommen natürlich mit ihrem neuen Bestimmungsort verschmelzen.

Lebhaft, aber nicht unruhig wirkt das Wohnzimmer durch die eng verwandten dunklen Farbtöne Braun, Terrakotta und Aubergine, von denen sich die Farben des originellen Tischs und der Kissen abheben.

Fröhliche Farben zum Wohlfühlen

Einen hyggeligeren Platz kann man sich kaum vorstellen. Auf die Liege zieht sich Perenille gelegentlich zum Lesen zurück und hört ihrer Katze Troels beim Schnurren zu.

Die Collagen der Hausherrin sind mit ihren sanften Erdfarben gut auf die Naturtöne im Wohnbereich abgestimmt.

Überall gibt es etwas zu entdecken: Perenille muss sich manchmal zügeln, damit sie nicht alle Wandflächen mit Bilderrahmen füllt – sie liebt es, unterschiedlichste Stile und Techniken direkt nebeneinanderzuhängen. „Jeder kann sich eine andere Geschichte daraus zusammensetzen", sagt sie begeistert.

RECHTE SEITE
Für Kasper, der gerne zum Fliegenfischen geht, haben die bunten Köder und die Vogelfedern nicht nur farblich viel mit dem alten Insekten-Schaubild zu tun. Ihm gefällt es, wenn die Dinge in Beziehung zueinander stehen.

Unter dem Dach befinden sich Perenilles Studio und das Schlafzimmer. Auch wenn sie als Bloggerin viel Zeit am Computer verbringt und wie selbstverständlich mit Grafikprogrammen arbeitet – am Anfang jedes kreativen Schaffens stehen für sie noch immer Papier, Schere, Stift und Kleber. Und unzählige weitere Materialien, die sie sich aneignet, um daraus Collagen zu schaffen oder auch lustige Anhänger aus Perlen und exotischen Briefmarken als Schmuck für die ersten Frühlingszweige. Inzwischen basteln die beiden Töchter ab und zu mit, und auch ihre kleinen Kunstwerke auf Papier finden immer einen Platz an der Wand – manchmal sogar hübsch gerahmt.

Mit einem inspirierenden Mix aus kreativen Materialien wird jeder zum Künstler und kann fröhliche Dekorationen entwerfen.

RECHTE SEITE
Wie bunte Zimmerpflanzen schmücken die Papierrollen das Regal im Atelier, die weiß lackierten Blumentöpfe sind mit Washi-Tape dekoriert.

Keine Frage: Die Farben spielen in diesem Haus eine große Rolle – und besonders sympathisch ist, dass das eigentlich erst auf den zweiten Blick so deutlich wird und sich das Konzept nirgendwo aufdringlich in den Vordergrund stellt. Die Kunst besteht darin, Farben selbstverständlich einzubinden, und das gelingt am besten, wenn die verschiedensten Materialien zur Farbenvielfalt beitragen. Ein grasgrüner Holzstuhl, Bilderrahmen in Pink, ein Tischgestell aus türkisem Metall und nicht zuletzt verschiedenste Stoffe und Papiersorten in allen Farben des Regenbogens.

Hygge-Faktor Kreativität

Farbige Natur im Schlafzimmer: Birkenstämme mit lackierter Schnittfläche und ein Ast als Garderobe. Bunte Highlights sind die moderne Patchwork-Tagesdecke und die Vitrine für hübsche Kosmetik und Schuhe.

INSPIRATION

Kreativität

Wo, wenn nicht in deinen eigenen vier Wänden kannst du deinen Ideen einfach freien Lauf lassen? Lass dich inspirieren und entfalte deine kreative Ader mit grafischen Elementen und kunstvollen Basteleien.

Ein unkompliziertes Arrangement aus bunt bemalten Holzschachteln bringt kleine Kostbarkeiten zum Leuchten.

Dekorativer Drahtseilakt für die aktuellen Lieblingsfotos. Weitere Bilder haften mit Washi-Tape an der Wand.

Kreative Materialien kommen auch als farbenfrohe Accessoires zur Geltung und sind immer eine Inspiration.

Wenn du handgemachte Objekte magst, kannst du mit Anleitungen aus dem Netz auch selbst Lampenschirme herstellen.

Hygge
mit Farben

Farben sorgen für eine bestimmte Atmosphäre im Raum, und darum sind sie das beste Werkzeug, wenn du gezielt eine Stimmung erzeugen möchtest. Über Details und Accessoires kommen die verschiedensten Farben in ein Zimmer, und wenn die Wand nicht weiß sein soll, hat Farbe ihren stärksten Auftritt. Beachte auch die Wirkung des Tageslichts, wenn du deine Wunschpalette zusammenstellst!

03

Natur

Viele Stadtbewohner haben große Sehnsucht nach mehr Natur in ihrem unmittelbaren Umfeld. Oft ist der Weg zu einem erholsamen Park leider weit, und für einen Ausflug ins Grüne fehlt am Wochenende häufig die Zeit. Umso wichtiger ist es, dass wir über die Gestaltung unserer Wohnung eine Verbindung zur Natur herstellen. Nur so können wir die richtige Umgebung schaffen, um Hygge entstehen zu lassen.

Du hast einen Balkon mit Blumen und Kräutern, oder dein Haus ist von einem Garten umgeben? Fantastisch! Aber auch unabhängig davon ist es möglich, zu Hause den Bezug zur Natur herzustellen. Wichtig ist eine bewusste Auswahl von Materialien, denen ihre Herkunft noch anzusehen ist.

Natur

Als Erstes kommt dabei sicherlich Holz in den Sinn. Ganz besonders wenn es naturbelassen ist, zeugen seine Farbe und die Maserung davon, dass der Stuhl, die Küchenarbeitsfläche oder das Parkett tatsächlich aus einem Baum hergestellt wurden. Ein weiteres natürliches Material, das im Einrichtungsbereich vielfach eingesetzt wird, ist Leder, das mit den Jahren immer geschmeidiger wird. Sessel werden erst mit einem Schaffell richtig kuschelig, Wollteppiche sind wohnlich und modern, und schließlich sorgen Vorhänge, Tagesdecken und Kissenberge dafür, dass sich unsere Wohnräume in Wohlfühlorte verwandeln.

Es ist diese Art der Naturverbundenheit, die in Dänemark eine lange Tradition hat. Darum auch sind die klassischen Möbel aus der Mitte des 20. Jahrhunderts nach wie vor so beliebt und nicht nur im eigenen Land verbreitet, denn sie arbeiten mit genau diesen Materialien. Zwei ganz unterschiedliche Wohnungen in Kopenhagen zeigen dir Beispiele dafür, wie umwerfend Einrichtungskonzepte mit Gespür für Ursprüngliches sein können.

Eine alte Sitzbank aus einer Turnhalle hat hier ein neues Leben als Couchtisch bekommen.

Auf einem gepunzten Messingtablett funkeln Erbstücke wie die Kristallkaraffe und ein Set silberner Obstmesser.

HOLZ IN DER HAUPTROLLE

Mit ihren zwei Söhnen wohnt die Designerin Pauline Rømer in einer Villa von 1920 etwas nördlich von Kopenhagen. Ihre 180 Quadratmeter große Wohnung liegt im ersten Stock, von hier hat man einen wunderbaren Blick in die Baumkronen und auf den schönen Garten. Außerdem gibt es noch einen herrlichen großen, über und über begrünten Balkon.

LINKE SEITE UND RECHTS

Das Schlafzimmer strahlt vor allem Geborgenheit aus. Dafür sorgen die verschiedenen, teils handgemachten Kissen, die das große Bett tagsüber zum Blickfang machen. Der original erhaltene Dielenboden verleiht dem Raum eine wohlige Atmosphäre. Als Nachttisch dient eine Holzkiste aus Indien, auf der die farbigen Metallschalen leuchtende Glanzpunkte setzen. Als roter Faden ziehen sich geschmackvoll gerahmte Bilder durch die ganze Wohnung.

Nach Süden ausgerichtet sind Paulines Schlafzimmer, das Wohnzimmer und die Küche mit dem großen Essbereich. Alle Räume sind durch die orignal erhaltenen Glastüren miteinander verbunden, aber sie sind auch jeweils vom Flur aus zugänglich. Dank dieser Aneinanderreihung ergeben sich fantastische Blicke durch die gesamte Länge der Wohnung. Die Bewohnerin weiß die historische Architektur auch aus anderen Gründen zu schätzen: „Ich liebe die hohen Decken", sagt sie voller Begeisterung. Zu dem großzügigen Raumgefühl tragen außerdem die riesigen Fenster bei, die den Blick auf den Garten freigeben und ein Maximum an Tageslicht hereinlassen.

Nicht zufällig hat sich die Designerin ihren Wohnort im Grünen ausgesucht. Für sie ist der Bezug zur Natur unverzichtbar, dennoch möchte sie die Stadt in Reichweite haben. Von dort bezieht sie viele Anregungen, die auch ihren Einrichtungsgeschmack beeinflusst haben. Überzeugend wirkt der Stil, weil sich seit Jahrhunderten bewährte Materialien wie Holz, Textilien und Metall ganz natürlich mit dem altehrwürdigen Gebäude und der unmittelbaren Umgebung vertragen. Und auch die Auswahl von unaufdringlichen Farben, wie sie in der Natur vorkommen, ist Teil dieses abgerundeten Gesamteindrucks. Mit ihrem Ansatz folgt Pauline dänischer Tradition.

LINKS

Auf dem Messingtablett stellt Pauline immer wieder andere Arrangements zusammen, um den Tisch zu schmücken. Das Stillleben ist auch ein visueller Fokus neben der Formen- und Farbvielfalt im Wandschrank.

RECHTE SEITE

Die berühmten Fiberglasstühle an den Seiten des Esstischs kamen 1950 auf den Markt. Auf diesen modernen Klassiker von Charles und Ray Eames konnte die Designerin einfach nicht verzichten, auch wenn sie Kunststoff ansonsten vermeidet, wo es nur geht.

Ein beeindruckender Blickfang in der großen Wohnküche ist der alte Apothekerschrank mit unzähligen Fächern hinter den Glastüren. Pauline hat ihn von Händlern in verschiedenen Orten zusammengetragen und damit eine ganze Wand gefüllt. Hier finden alle Töpfe und Schüsseln und das gesamte Geschirr Platz, durch die Nähe zum Herd ist auch beim Kochen alles schnell zur Hand. Das Sonnenlicht lässt die Gläser und Metalloberflächen funkeln, sodass der ganze Raum lebendig und farbenfroh ist und niemals vollgestopft wirkt.

Einen modernen Akzent setzen die drei kegelförmigen Messingleuchten über dem Esstisch. Die lange Tafel war ursprünglich eine Werkbank, davon zeugen die vielen Macken und Kratzer, die den besonderen Charme dieses massiven Holztischs ausmachen. Wenn Pauline Gäste hat, wird der Tisch festlich gedeckt, und sie ist glücklich, wenn sie bis spät in die Nacht mit ihren Freunden ein gutes Essen genießen und lachen kann. Aber auch im Alltag ist es ihr wichtig, den Tisch mit kleinen individuellen Stillleben zu schmücken.

Hygge-Faktor
Geselligkeit

Das Porträt als Motiv zieht sich wie ein roter Faden durch die symmetrisch angeordnete Bilderwand über der Sitzecke.

Wenn Pauline erzählt, wie es zu ihrer Einrichtung gekommen ist, klingt es fast, als wären ihr die Möbel und Accessoires einfach zugeflogen, so selbstverständlich geht sie mit ihrem untrüglichen Gespür für schöne Arrangements und Materialien an die Gestaltung ihrer Wohnung heran. „Ich folge meinem Bauchgefühl, wenn ich neue Elemente hinzufüge oder etwas umstelle. Aber das Ergebnis entspricht dann eigentlich immer genau dem Bild, das ich vorher davon im Kopf hatte." Es ist ein natürlich gewachsenes Ambiente, in dem sich Pauline mit ihrer Familie ein wahres Zuhause geschaffen hat.

Sie hat einen guten Blick für eher ungewöhnliche Zusammenstellungen, die aber ganz und gar stimmig sind. So liegt ihr die indische Kultur sehr am Herzen, und es ist ihr gelungen, eine Reihe von indischen Kunstwerken und kleinen Möbelstücken mit den traditionellen europäischen Elementen in ihrer Wohnung zu kombinieren. Hier und da finden sich Buddhaköpfe, die Pauline von ihren zahlreichen Reisen mitgebracht hat. Im Wohnzimmer steht ein bunt bemalter indischer Hocker im reizvollen Kontrast zu einer Kommode aus dem 19. Jahrhundert – einem Erbstück, das ihr viel bedeutet.

Hier im Wohnzimmer bestimmt ebenfalls Holz das Bild. Die verschiedensten Hölzer sind darin vertreten, dadurch hat es nichts Schweres, sondern wirkt einfach natürlich. „Ein wenig wie im Wald – da stehen ja auch verschiedene Bäume nebeneinander", erklärt Pauline und erinnert damit an ihre Naturliebe. Hier machen es sich auch ihre Söhne gerne gemütlich, am liebsten auf dem langen Sofa unter der Bilderwand. Es ist ein perfekter Ort für Hygge: Die große Sitzecke ist mehr als einladend, und oft lässt sich die Tischgesellschaft nach dem Essen dort nieder. Man kann von hier am Geschehen in der Küche teilnehmen, aber auch die Tür schließen, sich mit einer Tasse Kakao in den Sessel mit dem zotteligen Fell zurückziehen und beim Blick ins Grüne zur Ruhe kommen.

Natur | 95

Im doppelten Sinne das Haupt der Tafel stellt die Buddhaplastik zusammen mit den beiden Porträtköpfen aus dem Familienbesitz dar.

UNTEN
Der weibliche Akt aus Ton ist ein Werk von Paulines Mutter. Farblich darauf abgestimmt, aber zugleich mit einem praktischen Zweck, sind daneben edle alte Holzschachteln gestapelt.

Die Designerin lässt die Natur in ihrer Wohnung auf unterschiedliche Weise zur Geltung kommen, und das ganz ohne Zimmerpflanzen. Dieser Eindruck entsteht unter anderem dadurch, dass man ausschließlich von natürlichen Farben umgeben ist – ausgenommen vielleicht die Edelstahlfronten in der Küche. Immer wieder hat man daher das Gefühl, dass die Räume direkt in den Außenraum übergehen, der hier aufgrund der großen Fenster in jedem Moment präsent ist. Die wunderschönen Kunstwerke und Accessoires, die auf den Fensterbänken zur Schau gestellt werden, sind dabei wie eine Art Verbindungsglied, denn auch sie fügen sich nahtlos in die farbliche Harmonie der Wohnung. Gleichzeitig erinnern diese Objekte an Paulines persönliche Geschichte, denn die meisten der kleinen Skulpturen wurden von Verwandten geschaffen oder ihr vererbt.

RECHTE SEITE
Bücher bindet Pauline am liebsten farblich ein. Auf der original erhaltenen Heizungsverkleidung verführen sie zur Lektüre. Nicht zufällig steht dort auch der bequeme grüne Zahnarztstuhl, den die Besitzerin vom Sperrmüll gerettet hat.

Wellness im historischen Original

Mit Ausnahme des Waschtischs ist das Badezimmer im Originalzustand von 1920. Der Terrazzoboden und die großen weißen Fliesen gefielen Pauline auf den ersten Blick, und mit dekorativen Ergänzungen wie der alten Lithografie-Steinplatte, dem Spiegel und dem Vogelbauer vom Flohmarkt hat sie dem Bad eine ganz persönliche Note gegeben.

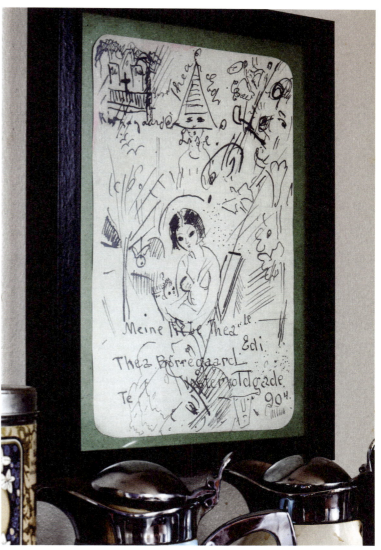

In dieser Küche wird gelebt! Davon zeugen die hübsch arrangierten Flaschen, Kannen und Dosen auf dem umgenutzten Tablett ebenso wie die gerahmte Zeichnung, die Pauline jeden Tag an besonders wertvolle Momente ihrer Biografie erinnert.

„Die Küche ist für mich eine Art Werkstatt. Hier muss alles jederzeit griffbereit sein", erklärt Pauline. Dieser praktische Aspekt stand bei der Küchenplanung im Vordergrund, aber auch hier hat sie natürlich ihr Talent für geschmackvolle Gestaltung eingebracht. Alles wirkt lässig angeordnet, in Wirklichkeit jedoch hat Pauline nichts dem Zufall überlassen. Spüle und Herd sind nur eine Armlänge voneinander entfernt, sodass es keine weiten Wege gibt. Alles, was man für die Zubereitung von Kaffee und Tee oder für ein leckeres Salatdressing braucht, ist auf einem Tablett zusammengestellt, das einmal als Schublade in einem Obsttrockner diente. „Mir gefällt es, wenn ich schöne alte Dinge weiterverwenden kann. Manchmal bekommen sie dabei eben eine neue Funktion", ergänzt sie.

LINKE SEITE
Bestlite-Leuchten und die dekorative grüne Glasflasche von Lisbeth Dahl verraten, dass hier jedes Detail mit Sorgfalt und Stilbewusstsein platziert wurde.

Einen sehr modernen Look hat die Küche durch die Edelstahlfronten der Schubladen, die das Licht im Raum verteilen und ihn dadurch noch größer erscheinen lassen. Dazu passen auch der Gasherd mit einem Spritzschutz und der Abzugshaube aus Edelstahl. Statt Oberschränken sind an der Wand über der Arbeitsfläche schwenkbare Leuchten montiert, sodass jederzeit optimale Lichtverhältnisse herrschen. Und wenn das Essen fertig ist, sorgen sie für stimmungsvolle Hintergrundbeleuchtung.

Mit nicht alltäglichen Pflanzen wie der zarten Hänge-Erdbeere und der frostempfindlichen Strauchveronika beweist Pauline auch gärtnerisches Geschick.

Bei geöffneter Balkontür zieht es jeden Besucher als Erstes nach draußen.

„Die Küche ist eigentlich zum Wohnzimmer geworden", sagt Pauline und tritt vom Balkon herein. Das verwundert nicht, denn vor allem im Sommer gibt es keinen schöneren Ort in der Wohnung. Besonders gerne hält sie sich zum Frühstück hier auf, denn dann scheint die Morgensonne durch die Balkontür. Und abends, während sie noch in der Küche werkelt, können sich ihre hungrigen Gäste draußen mit einem Aperitif in der Hand unterhalten. Ein paar Küchenkräuter sind auch schnell gepflückt. Hier wachsen Innen- und Außenraum tatsächlich zusammen, und selbst wenn drinnen getafelt wird, so hat man doch immer ein wenig das Gefühl, im Freien zu sitzen.

Blüten sorgen für natürliche Farbakzente – umso mehr, wenn der Farbton sich hier und da im Haus wiederfindet.

Herd und Abzugshaube von Ikea entsprechen der funktionalen, aber ästhetischen Küchengestaltung.

Auf dem Balkon finden sich indische Stilelemente, die auch in der Wohnung locker verteilt sind.

Weil das dänische Klima es nicht so häufig erlaubt, unter freiem Himmel zu essen, haben Paulines Söhne auf dem Balkon aus Paletten eine wetterfeste Bank gebaut. Mit dem Polster, einer Decke und ein paar Kissen wird das einfache Möbel im Handumdrehen zu einem gemütlichen Sitzplatz. Ein wenig Exotik bringt der indische Teetisch ins Bild. „An kühleren Tagen wird es durch das orientalische Flair hier draußen gleich ein paar Grad wärmer", berichtet die Designerin mit einem Augenzwinkern. Sicht- und Windschutz bietet die Glyzinie, die neben dem Wintergarten im Erdgeschoss verwurzelt ist und sich bis hier oben um das Balkongeländer gerankt hat.

Nur zehn Kilometer von der Kopenhagener Innenstadt entfernt hat sich Pauline Rømer ein Paradies voller Natur eingerichtet, das ihr ganz und gar entspricht.

Die großbürgerliche Villa in einem Vorort von Kopenhagen badet im Licht. Auf dem Balkon im ersten Stock profitieren die Tomaten von der Morgensonne und sind durch die üppige Rankpflanze vor Wind geschützt. Vielleicht gibt es keinen einladenderen Ort im hohen Norden, um ein Glas starken schwarzen Tee zu genießen!

INSPIRATION

Flohmarkt

Einzigartige Antiquitäten müssen kein Vermögen kosten und bringen den Charme vergangener Zeiten in dein Zuhause. Ob du eine bestimmte Epoche bevorzugst oder dich spontan begeistern lässt: Flohmärkte sind großartige Ideengeber.

Der alte Werkstatt-Drehstuhl wurde zum Beistelltisch und passt bestens in das Ambiente mit Naturmaterialien und -farben.

Besonders reizvoll sind Kontraste, die sich aus historischen Andenken in einem modernen Umfeld ergeben.

Platziere deine Fundstücke mit Bedacht: Dieser antike Denkerkopf ist der ideale Schmuck für die Bibliothek.

Objekte aus verschiedenen Kulturen ergeben inspirierende Stillleben, hier sogar mit praktischem Nutzen.

Die Dekoration passt zum Stil des Hauses und setzt zugleich moderne Akzente.

Die Streben des Treppengeländers hat die Besitzerin durch ein stabiles Seil ersetzt, um auch hier ein Naturmaterial zur Geltung zu bringen.

DÄNISCHES MIDCENTURY

Die Designerin Mie Lerche liebt das Ursprüngliche und Authentische. Darum hat sie nur wenig geändert an ihrem Haus, das Mitte der 1950er-Jahre gebaut wurde. „Schon immer faszinieren mich Architektur und Design, und als ich dieses Haus entdeckte, war es Liebe auf den ersten Blick." Ein großes Plus war für sie, dass die Familie des Architekten es selbst bewohnte, bis sie es 2002 an Mie verkaufte.

Dank der Vielfalt an Materialien und geometrischen Formen ist das Wohnzimmer gemütlich und es gibt viel zu entdecken.

Es ist sozusagen ein naturbelassenes Juwel, in dem sich Mie eingerichtet hat. Die Hauptrolle spielt dabei das geräumige Wohnzimmer mit der charakteristischen Holzdecke aus Oregonkiefer. „Meine Freunde schlugen mir vor, die Decke weiß zu streichen – aber das kam für mich nicht infrage." Ebenso ließ sie das vom Vorbesitzer entworfene Wandregal rund um das gut proportionierte Fenster unverändert. „Holz sorgt überall für eine gemütliche Atmosphäre", schwärmt die Hausherrin. Auch sonst hat sie fast ausschließlich Naturmaterialien für die Einrichtung ausgewählt. Trotz seiner Größe strahlt das Wohnzimmer mit jeder Faser Hygge aus.

RECHTE SEITE
Leder, Wolle, Holz, Metall – ein ausgewogener Materialmix bestimmt die natürliche Atmosphäre des großzügigen Wohnraums.

LINKS UND UNTEN

Wenn das Tageslicht nachlässt, hat Mie die Wahl zwischen der Lampe „Atollo" von Oluce und dem Kerzenleuchter von Fritz Nagel – beide stammen aus der Entstehungszeit des Hauses. In dem original erhaltenen Regal stehen die Bücher und Accessoires farblich sortiert, so drängt sich das wandfüllende Möbelstück nicht in den Vordergrund. Auch die weißen Schranktüren im unteren Bereich sorgen für optische Leichtigkeit.

LINKE SEITE
Das Kaminfeuer prasselt nicht nur an kalten Winterabenden. Echte Hygge, findet Mie, gibt es nur mit leise züngelnden Flammen im Hintergrund – unabhängig von der Jahreszeit. Das Brennholz ist praktisch und außerdem extrem dekorativ verstaut.

Das Esszimmer ist nur durch die Kaminwand vom Wohnraum getrennt, der schöne Holzboden stellt eine fließende Verbindung her. Die linke Wand hat Mie mit einem von ihr entworfenen Kunstwerk geschmückt, das sie in verschiedenen Ausführungen über ihr Designgeschäft verkauft.

Das bequeme dreiteilige Sofa mit weichen Bezügen in Strickoptik ist mit den hübschen verschiedenartigen Kissen einfach der herrlichste Ort, um einen hyggeligen Abend mit der Familie oder auch mit einem guten Buch zu genießen. Der runde Fransenteppich ist ein Produkt der Designfirma, die Mie aufgebaut hat. Er definiert das Zentrum des Wohnraums, außerdem erinnert er an die 1970er-Jahre und passt damit einzigartig gut zum eleganten Retro-Stil des gesamten Hauses.

Als Spezialistin für Inneneinrichtung legt die Bewohnerin großen Wert auf die Klassiker des dänischen und internationalen Designs. Ebenso wie bei der Architektur ihres Hauses liegt ihr auch im Design das Midcentury besonders am Herzen.

Ein Highlight des Wohnzimmers ist der Kamin – ebenfalls eine gut durchdachte Konstruktion des Architekten, der das Haus für sich und seine Familie gebaut hat. In Dänemark sind die Winter lang, darum spielen offenes Feuer und Kerzen eine große Rolle. Und aus dem gleichen Grund bemühen sich die Dänen, so viel Tageslicht wie möglich in ihre Wohnungen gelangen zu lassen. Gardinen sind eher die Ausnahme und dienen nicht etwa dem Schutz vor zu viel Licht, sondern nur dazu, die Räume am Abend heimeliger wirken zu lassen.

Der Grundriss dieses mit viel Liebe zum Detail entworfenen Hauses schafft fließende Übergänge zwischen den Räumen – auch das sorgt für den hellen und freundlichen Effekt.

Selbst die Küche, in der Mie eine ebenso praktische wie einladende Essecke eingerichtet hat, ist lichtdurchflutet – auch dank der originalen Glastür. Die Einbauküche von 1969 ist eines der ersten Modelle von Poggenpohl, Mie hat lediglich ein paar Türen ausgetauscht und die Armaturen erneuert. „Ich mag es klassisch und funktional", kommentiert sie ihre Entscheidung. Dennoch hat die Küche nichts Altmodisches, dafür sorgen auch die modernen Leuchten und Deko-Objekte.

LINKE SEITE
Funktional und geradlinig – für Mie gab es keinen Grund, die originale Küche zu ersetzen, doch mit ausgewählten Accessoires hat sie ihr einen zeitgenössischen Look verpasst.

RECHTS
Der Sitzplatz am Fenster besticht durch die moderne Flos-Pendelleuchte über dem Jacobsen-Tisch und dem Vitra-Stuhl. Nicht fehlen dürfen Kerzenleuchter, hier ist es das kleine Modell Kubus von Mogen Lassen in doppelter Ausführung auf der Fensterbank.

Im Gästezimmer setzt Mie auf einen gelungenen Mix aus Midcentury-Möbeln und modernen Design-Accessoires wie dem skulpturalen Tischchen „Teti" von Zanotta aus dem Jahr 2006, die sich farblich einfügen.

Indirekte Beleuchtung durch verschiedene Lichtquellen geben den Räumen einen intimen, gemütlichen Charakter.

LINKE SEITE UND RECHTS
Als Designerin liebt Mie die Vielfalt an Möbeln und Deko-Objekten von den Großen ihrer Zunft. Der Ausgangspunkt waren Erbstücke: Der Sessel „Ægget" von Arne Jacobsen und der schöne Teakschrank. Dazu gesellen sich die Tischleuchte „Snoopy" von Flos, der Minotti-Pouf und der eckige Beistelltisch „Prismatic Table" von Isamo Noguchi, ein Entwurf von 1956.

Natur | 119

Im Treppenhaus und im Arbeitszimmer ist der Boden mit norwegischem Schiefer belegt. Der dunkle, schimmernde Stein bekommt eine weiche Note durch das Naturleder, das sich hier in besonders schöner Form präsentiert: dem Sessel „Butterfly", ursprünglich von 1938.

OBEN UND RECHTE SEITE
Für Mie ist es immer spannend, verwandte Farben in unterschiedlichsten Materialien zu entdecken. Gerne arrangiert sie darum kleine Stillleben wie diesen Visitenkartenhalter aus einem alten Buch mit den kupfernen Türstoppern von Tom Dixon. Auch das Spiel mit Schwarz und Weiß passt gut in das Heimbüro mit Blick ins Grüne.

Während Mie den Boden im Eingangsbereich, Treppenhaus und Arbeitszimmer mit Schieferplatten aus Norwegen gestaltet hat, haben alle Wohn- und Schlafräume Parkett. „Der rote Faden ist Holz, und das Parkett harmoniert wunderschön mit der Holzdecke." Sie hat eine Vorliebe für verschiedene Hölzer, die konkurrenzlos nebeneinander existieren können – „wie in der Natur auch", ergänzt sie lachend.

Besonders reizvoll ist auch der Kontrast zwischen dem organischen, warmen Holz und dem anthrazitfarbenen Schiefer. Das harte Material wirkt sehr lebendig mit seiner bewegten Oberfläche, denn der Stein ist nicht poliert, und je nach Lichteinfall hat er auch blaue und silbrige Nuancen. Nichts bietet eine bessere Bühne für die übrigen Naturfarben im Haus. Durch die großen Fensterflächen in allen Räumen scheint es, als wollte der Garten direkt ins Innere hineinwachsen.

Der Designerin ist es gelungen, die außergewöhnliche Atmosphäre des Einfamilienhauses aus den 1950er-Jahren zu bewahren und ihr gleichzeitig eine persönliche Handschrift zu verleihen. Überzeugend ist das Konzept auch dank der charakteristischen Möbel und Accessoires. So knüpft sie mit originellen Ideen und ihrem Talent für Gestaltung an eine einzigartige Designtradition an.

Die Terrasse ist mit einfachen Holzpaneelen bedeckt und passt sich so der Gestaltung im Inneren des Hauses an. Mie hat sie erweitert, indem sie die ursprüngliche, überdachte Fläche einfach auf Bodenniveau ergänzt hat. So ist genügend Raum für verschiedene Sitzplätze – je nachdem, ob die Designerin einfach in der Sonne relaxen oder ihr Frühstück im Freien genießen will.

LINKE SEITE
Der Garten ist durch die großen Fensterflächen eng mit dem Haus verbunden. Für Mie gibt es nichts Schöneres, als morgens als Erstes ins Freie treten zu können oder im Sommer mit Freunden auf der Terrasse zu sitzen. Die Bepflanzung hat sie bewusst schlicht gehalten, denn sie hat nicht viel Zeit für die Gartenarbeit. Wichtig war ihr, den alten Baum zu erhalten: „Er gibt Schatten und erinnert mich an Italien."

INSPIRATION

Design & Vintage

Selten gab es so formschönes und cooles Design wie Mitte des 20. Jahrhunderts, es war die große Zeit der skandinavischen Gestalter. Halte Ausschau nach den begehrten Highlights jener Zeit, die heute wieder topaktuell sind.

Arne Jacobsen entwarf den „Ameisenstuhl" für eine Kantine. Noch besser kommt er in dieser privaten Essecke zur Geltung.

Ein stilvoller Zahnarztstuhl aus den 1950ern gibt in diesem Altbauzimmer farblich den Ton an.

Die Leuchte „Visor" von Arne Jacobsen spendet ideales Leselicht und wird auch als Stehleuchte hergestellt.

Klassiker in Harmonie: der unendlich erweiterbare Kerzenleuchter von Fritz Nagel und die Leuchte „Atollo".

Natur | 125

Hygge
mit Naturmaterialien

Für die meisten Dänen ist das eine ohne das andere nicht denkbar: Hygge ist naturverbunden, und ohne Textilien, Holz oder Leder ist es fast unmöglich, sich huggelig wohlzufühlen. Wähle Möbel und Dekoration aus Materialien, die sich organisch anfühlen. Das können Vintage-Möbel oder auch neue Designerstücke sein ebenso wie hübsche und kuriose Flohmarktfunde, ein Schaffell oder aber ein flauschiger Wollteppich.

04

*Grün
leben*

Urban Gardening ist kein Fremdwort mehr: Das Gärtnern in Baulücken oder auf anderen Brachflächen mitten in der Stadt ist nach wie vor extrem populär. Manchen aber ist das vielleicht etwas zu aufwendig oder sie haben gar kein Bedürfnis, Sonnenblumen und Tomaten anzupflanzen. Das Bewusstsein für einen umweltverträglichen Lebensstil und das Thema Nachhaltigkeit allgemein kann sich auch auf andere Weise ausdrücken – und nichts liegt näher, als in den eigenen vier Wänden damit anzufangen.

Auch diejenigen, für die ökologisches Gewissen und Einrichtungsstil zwei ganz verschiedene Dinge sind, profitieren von den Ideen, die uns Pflanzenformen und -farben liefern. Die Natur ist einfach ein unschlagbar guter Designer! Die großen Blätter exotischer Pflanzen sind echte Hingucker, vor allem wenn sie vor einer

Grün leben

hellen Wand zur Geltung kommen dürfen. Kakteen gibt es in wunderschönen Grünschattierungen, daher können selbst kleine Exemplare in einem eleganten Farbschema den Ton angeben. Die abstrakten Formen mineralischer Kristalle sind ideale Ideengeber für einen grafischen Stil. Ein großer Trend sind außerdem Tiermotive, die heute alles andere als rustikal daherkommen.

Du hast viele Möglichkeiten, den Faktor Grün bei dir zu Hause zu verstärken. Ob du am liebsten interessante Pflanzen in deiner Wohnung verteilst oder dich für bedruckte Textilien, gerahmte Grafiken an der Wand, vielleicht sogar für eine Tapete mit Blattmuster entscheidest: In jedem Fall gibt es kaum ein Thema, bei dem sich Hygge so perfekt mit einem modernen, urbanen Lebensstil verbinden lässt und das noch dazu etwas über dich persönlich aussagt. Die beiden Wohnbeispiele in diesem Kapitel überraschen mit originellen Ansätzen, in denen grüne Motive absolut überzeugend mit ultramodernem Design verschmelzen.

Sterne über dem gedruckten Wald: Die Dekoration darf auch ein wenig humorvoll sein.

Ein weiteres hängendes Stillleben sind die Origami-Lampen „Moth" und „Chestnut" von Snowpuppe.

LIFESTYLE MIT PFLANZEN

Mitten in Kopenhagen, im schönen Stadtteil Vesterbro, wohnen Hanne und Tobias Scheel Mikkelsen mit ihrer neunjährigen Tochter in einer Vierzimmerwohnung von 110 Quadratmetern. Genug Platz für die Architektin und den Grafiker, um ihre Vorstellung von urbanem Leben mit Grün auf originelle Weise zu realisieren. Sie lieben das Exotische mit einem Hauch Glamour und setzen es mit sicherem Gespür fürs Ästhetische ein.

Der grüne Lifestyle lässt sich fantastisch mit berühmten Designklassikern verbinden: Stuhl „3107" in Schwarz von Arne Jacobsen, Drahtsessel von Harry Bertoia, Pendelleuchte „AJ" von Louis Poulsen und der modulare Kerzenleuchter von Fritz Nagel.

Die beiden würden sich als große Naturfreunde bezeichnen, aber in ihren eigenen vier Wänden geht es ihnen nicht in erster Linie um Ökodesign. Beruflich haben sie sich auf Einrichtungsplanung und Drucke von Tiermotiven auf Holzfurnier spezialisiert. Tobias kreiert die Illustrationen, die beide dann über ihre Agentur Whatwedo verkaufen. So verbinden sie das allgegenwärtige Thema Nachhaltigkeit mit dem Trend zu hochwertigen Druckerzeugnissen. „Print ist gerade super en vogue und sehr populär", weiß Hanne.

Der grüne Lebensstil drückt sich bei Hanne und Tobias in allen Räumen aus. Der Fliesenspiegel in der großen Wohnküche ist aus grünlichem Glas, das sich mit dem Fußboden, der Arbeitsplatte und den Wandborden aus hellem Holz, mit dem Weiß der Unterschränke und den Edelstahlelementen zu einer

Messing, Glas, Stahl und Aluminium setzen reflektierende Akzente in der Küche.

hellen, freundlichen Optik ergänzt. Pflanzenmotive haben sie durch eine Messing-Ananas aus den 1950ern und einen blühenden Kaktus eingebracht – auffällige Stücke, die die Blicke auf sich ziehen. In diesem Raum steht die Gemeinschaft im Mittelpunkt, hier kocht die Familie gerne zusammen mit Freunden, und alle versammeln sich um den runden Marmortisch zum Essen. Die Drahtgitterstühle von Harry Bertoia gehören zu den Designfavoriten des Paares und haben darum einen prominenten Platz, gepolstert mit Schaffellen, die natürlich in keinem Hyggekrog fehlen dürfen.

Grün leben | 135

Urbanes Leben mit grünem Design

Linien, grafische Muster und Formen aus der Natur: Die Architektin Hanne und der Grafiker Tobias begeistern sich dafür in künstlerischen Drucken ebenso wie in dekorativen Glasobjekten.

Diese umwerfende Sitzecke ist zu jeder Tageszeit ein Ort für Hygge. Palmblattkissen aus den 1950er-Jahren, überraschend gut kombiniert mit „Knot" in Rosa und Grau von NotKnot. Die Tierbilder hat Tobias gestaltet.

RECHTS

Einen Platz an der Sonne haben diese kleinen Kakteen und Sukkulenten in Töpfen und Miniatur-Gewächshäusern ergattert. Geometrische und organische Formen gehen ineinander über und interpretieren das Thema Grün auf coole Weise neu.

Als professionelle Gestalter haben die beiden ständig neue Ideen für die Dekoration ihrer Wohnung. An der Wand über ihrem Schreibtisch hängt ein Moodboard, eine schlichte weiße Lochplatte, an der sich jederzeit andere Grafiken, Schmuckobjekte und sogar kleine Pflanzenhalter befestigen lassen. Auch hier beschäftigen sie Motive aus der Tier- und Pflanzenwelt, und durch immer wieder wechselnde Kombinationen gehen sie sehr kreativ damit um: Diese Wand ist eine Quelle der Inspiration für sie, die wie nebenbei zum sehr persönlichen und stimmungsvollen Charakter ihrer Wohnung beiträgt.

Darüber hinaus nutzen Hanne und Tobias Flächen wie Beistelltische und Fensterbänke, um mit ausgefallenen Accessoires zu spielen, und greifen auch hier das Leitmotiv Natur auf. Dabei fällt ihre Wahl ganz von selbst auf Farben und Materialien, die sich gut ergänzen. Gold und Silber spielen hier neben vielfältigen Grüntönen eine große Rolle, oft in Form von kleinen geometrischen Drahtskulpturen. Die kristallartigen Objekte werden mit Sukkulenten und Kakteen in schlichten Tontöpfen oder auch mit hängenden Pflanzen zu überaus geschmackvollen Stillleben arrangiert.

LINKE SEITE UND OBEN

Pinnwand 4.0: Ein spannendes Ensemble aus Kunstwerken und Drucken wird mit Haken oder buntem Klebeband zur lebendigen Wandgestaltung.

Die Tapete „Palm Leaves" von Cole & Son ist der optische Mittelpunkt des Schlafzimmers. Eine geschickte Wahl ist das Hellrosa der Bettwäsche, das ebenso gut zum Holzboden passt wie zur Kontrastfarbe der Palmenblätter. In dem Gemälde tauchen die Farben ebenfalls auf, es stammt von dem dänischen Maler Henry Heerup und ist ein Erbstück.

Hygge-Faktor Natur

Eine besondere Vorliebe haben Hanne und Tobias für exotische Pflanzenarten, und so überrascht es nicht, dass sie sich für Wohn- und Schlafzimmer markante Muster mit Palmenblättern ausgesucht haben. Die Tapete wirkt auf den ersten Blick recht dominant, doch durch die großen Flächen in anderen Farben, wie das warme Braun des Holzbodens oder die pastellfarbene Bettwäsche, entsteht eine harmonische Balance.

In dieser Kopenhagener Altbauwohnung ist nichts „von der Stange". Die Bewohner haben einen einzigartigen Stil kreiert, der Flora und Fauna als gestalterische Elemente extrem smart einbindet. Ökologisches Bewusstsein ist glücklicherweise für viele Menschen inzwischen so selbstverständlich und unumgänglich, dass sie das Thema zeitgemäß in einen urbanen, lässigen Lebensstil verwandeln können.

Die Naturbilder sind Kreationen der Bewohner, sie nennen die Drucke „Faunascapes" – eine Verbindung Tierwelt und Landschaft.

INSPIRATION

Print

Moderne Drucktechniken machen fast jedes Material zum potenziellen Bildträger. Ob Porzellan, Holz oder Stoff: Print kommt als Dekoration groß raus, und auch alte Drucke erleben derzeit einen Hype.

Die künstlerisch gestaltete, auf Porzellan gedruckte Rosenblüte ergänzt das Vasenensemble motivisch und farblich.

Mit wenigen Handgriffen kannst du deine eigenen Pflanzen-Prints herstellen und damit Wände oder Objekte gestalten.

Moderne Druckgrafik besticht durch außergewöhnliches Trägermaterial. Hier wurde Holzfurnier verwendet.

Lass dich durch Grußkarten mit Pflanzenmotiven oder ähnliche Drucksachen zu kreativen Projekten inspirieren.

Grün leben | 143

Die sonnenverwöhnte Terrasse ist eine Oase im schick ausgebauten Hafenviertel von Kopenhagen.

Gärtnern ohne Unkrautjäten: Die vielfältige grüne Wand ist das Highlight der offenen Küche in diesem Industrieloft.

HOME GARDENING

Lange Zeit haben Michala und Morten Kjær-Holm überlegt, ob sie nach der Geburt ihrer Zwillingstöchter aufs Land ziehen sollten. Doch dann fand sich ein herrliches Loft in einer ehemaligen Bleistiftfabrik im Hafenviertel von Kopenhagen, Islands Brygge. Dort haben sie sich eine grüne Oase mitten in der Großstadt geschaffen und könnten nicht glücklicher sein.

Die begrünte Wand hat einen ähnlichen Effekt wie der Blick ins Grüne durch ein großes Fenster und ist genauso belebend in diesem ansonsten bewusst neutral gehaltenen Ambiente.

Das reduzierte Farbschema erlaubt es, eine Vielfalt von dekorativen Accessoires und kleine Kunstwerke auf und über dem breiten Sideboard zu arrangieren.

der Stadt" besser veranschaulichen. Michala und Morten haben dafür zwei Module von der Firma Minigarden mit den Pflanzen aus ihrem eigenen Sortiment bestückt. Dabei kamen vor allem Grünpflanzen zum Einsatz, aber auch für Basilikum, Thymian & Co. ist das System natürlich bestens geeignet. Die Bewässerung ist kinderleicht und der atemberaubende Effekt garantiert.

„Eine gemütliche und warme Atmosphäre ist uns wichtig", erklärt Michala. „Und das Grün ergänzt den rauen Charme der Industriearchitektur einfach perfekt." Dazu passt auch der fantastische Holzboden in einem dunklen Naturton. Die Bewohner haben die besten Voraussetzungen für ein Zuhause voller Hygge geschaffen. Ganz in diesem Sinne richten sie sich

Aus der Entscheidung, in der Stadt zu bleiben, ging auch die Idee für Greenify hervor, ihren Onlineversand für Pflanzen. „Damit haben Stadtbewohner die Möglichkeit, sich Gartenatmosphäre ins Haus zu holen, auch wenn sie sich nicht mit Grünzeug auskennen", erklären die beiden. Sie selbst sagen von sich, dass sie keinen grünen Daumen haben, und daher suchten sie nach einer möglichst einfachen Lösung. „Wir wollten eine Art ‚plug 'n' play-gardening' anbieten", ergänzen sie lachend.

In der ganzen Wohnung haben sie Pflanzen in schönen Töpfen verteilt. Und sobald man den großen offenen Wohnraum mit Küche und Essbereich betritt, fällt die spektakuläre Wandbegrünung ins Auge. Nichts könnte das Motto „Grün in

LINKE SEITE
Indirekte Beleuchtung unter den Deckenpaneelen hüllt den schlichten Esstisch abends ebenso in wohliges Licht wie die Sitzecke mit dem Ledersofa, einem Prototyp.

Grün leben | 149

Locker verteilen sich die Grünpflanzen als kleine Farbinseln und setzen der eleganten Industrieästhetik ein gut ausbalanciertes Stück Natur entgegen.

UNTEN
Im langen Flur hat Morten eine selbst gefertigte Schaukel für die Zwillinge angebracht.

auch nach den Jahreszeiten: „Im Sommer mögen wir Platz und Luft, und im Winter schaffen wir uns kleine Kuschelecken", berichtet Michala. Dafür arrangieren sie die Möbel immer mal wieder neu, was in dem weitläufigen Loft ganz unkompliziert ist.

Möbel, Dekoration und Leuchten in Schwarz und Weiß ebenso wie die mit hellgrauem Autolack gestrichene Poggenpohl-Küche fallen in den hohen Räumen kaum ins Gewicht. Farbliche Akzente sind die vertikale Grünfläche über der Kücheninsel und die leuchtend orangen Polster der Esszimmerstühle rund um den schwarzen Tisch. Ein geometrischer Teppich in dezentem Gelb und Blau verankert die Sitzecke mit dem großen Ledersofa in dem lichtdurchfluteten Raum.

Hygge-Faktor Wohninseln

Die großen weißen Wandflächen verteilen das Tageslicht gleichmäßig im ganzen Raum. Trotz der Weitläufigkeit ist die Wohnung rundum gemütlich, die diversen Sitzgruppen sind ideal für hyggelige Abende mit den Nachbarn, die inzwischen Michalas und Mortens beste Freunde sind.

Mit einem Augenzwinkern haben die Bewohner auch neben der Leuchte „Flower Pot" von Verner Panton eine Topfpflanze platziert.

Variationen in Grün

Die Bewohner räumen Wohn- und Essbereich gelegentlich um, darum legen sie auch Wert auf relativ flexible Möbel, die noch dazu schön sind und zum Charakter des alten Fabrikgebäudes passen.

Aus wiederverwerteten Holzlatten und einem Kontorstuhl aus seinem Elternhaus hat Morten eine stilvolle Arbeitsecke in der Fensternische geschaffen. Auch hier sorgen Pflanzen für ein naturnahes Flair.

INSPIRATION

Holz

Als warmes, organisches Material kommt Holz nie aus der Mode. Ohnehin steht der ökologische Werkstoff heute besonders hoch im Kurs. Weil Holz unbegrenzte Gestaltungsmöglichkeiten bietet, passt es zu jedem Einrichtungsstil.

Durch einfache Gebrauchsgegenstände wie das Küchenbrett mit der herrlichen Maserung wird Holz zum Deko-Material.

Die ultraleichte Alternative zur massiven Eichenschrankwand ist dieses Hängeregal für wechselnde Arrangements.

In der Kombination mit frischen Kräutern und Topfpflanzen ist Holz das perfekte natürliche Material.

Als klares Bekenntnis zur Natur kommen diese ebenso wuchtigen wie praktischen Baumstämme daher.

Grün leben | 155

Hygge mit Grün

Gerade in der Stadt können wir die Natur manchmal ziemlich vermissen. Umso schöner, dass wir uns Pflanzen und Naturmotive in vielfältiger Form nach Hause holen können! Dabei zählen großblättrige Topfpflanzen ebenso wie viele kleinere Tupfer in Grün, und für die Wand gibt es wunderschöne Kunstmotive als Druck oder handgemalt. Folge deinem persönlichen Stil, wenn du dich mit mehr Natur umgeben willst!

IMPRESSUM

Idee und Konzept Petra Ahke und Barbara Delius
Layout, Satz und Covergestaltung Petra Ahke, Berlin
Illustrationen Umschlag Andrea Smith in *Skandinavisch feiern* (ISBN: 978-3-7724-7459-0)

Produktmanagement Victoria Salley
Druck und Bindung FIRMENGRUPPE APPL, aprinta druck, Wemding

© Lifestyle BusseSeewald in der frechverlag GmbH, Turbinenstraße 7, 70499 Stuttgart, 2017
© für die Abbildungen www.dana-lifestyle.de
© lichtpunkt, Michael Ruder, Stuttgart, S. 81 unten rechts

Angaben und Hinweise in diesem Buch wurden von der Autorin und den Mitarbeitern des Verlags sorgfältig geprüft. Eine Garantie wird jedoch nicht übernommen. Autorin und Verlag können für eventuell auftretende Fehler oder Schäden nicht haftbar gemacht werden. Das Werk ist urheberrechtlich geschützt. Die Vervielfältigung und Verbreitung ist, außer für private, nicht kommerzielle Zwecke, untersagt und wird zivil- und strafrechtlich verfolgt. Dies gilt insbesondere für eine Verbreitung des Werkes durch Fotokopien, Film, Funk und Fernsehen, elektronische Medien und Internet sowie für eine gewerbliche Nutzung.

1. Auflage 2017

ISBN: 978-3-7724-7457-6 • Best.-Nr. 7457